BEI GRIN MACHT SICH IHR WISSEN BEZAHLT

AF153535

- Wir veröffentlichen Ihre Hausarbeit,
  Bachelor- und Masterarbeit

- Ihr eigenes eBook und Buch -
  weltweit in allen wichtigen Shops

- Verdienen Sie an jedem Verkauf

Jetzt bei www.GRIN.com hochladen und kostenlos publizieren

Start-Ups und Crowdfunding Plattformen. Vor- und Nachteile des Crowdfunding und alternative Finanzierungsformen

Berrit Lambardt

Bibliografische Information der Deutschen Nationalbibliothek:

Die Deutsche Nationalbibliothek verzeichnet diese Publikation in der Deutschen Nationalbibliografie; detaillierte bibliografische Daten sind im Internet über http://dnb.d-nb.de abrufbar.

ISBN: 9783346895004
Dieses Buch ist auch als E-Book erhältlich.

Druck und Bindung: Books on Demand GmbH, Norderstedt Germany
Gedruckt auf säurefreiem Papier aus verantwortungsvollen Quellen

Das vorliegende Werk wurde sorgfältig erarbeitet. Dennoch übernehmen Autoren und Verlag für die Richtigkeit von Angaben, Hinweisen, Links und Ratschlägen sowie eventuelle Druckfehler keine Haftung.

Das Buch bei GRIN: https://www.grin.com/document/1366159

Einsendeaufgabe

Alternative A

Abgegeben am 01. Oktober 2022 im eCampus

SRH Fernhochschule

Modul: Concept & Business Planning

Studiengang: Finance, Accounting, Controlling & Taxation

Von

Berrit Lambardt

Studiengang: Finance, Accounting, Controlling & Taxation

Inhaltsverzeichnis

Aufgabe 1

In der ersten Aufgabe dieser Einsendeaufgabe werden zunächst die wichtigsten Informationen eines Startups dargestellt. Im Anschluss daran wird der Begriff Crowd-Funding in die Entstehung eingeordnet und die Art dieser Finanzierungsform beschrieben.

Startup

Wird von einem Startup gesprochen, so handelt es sich um ein kürzlich neu gegründetes Unternehmen, welches in der Regel neue Innovationen entwickeln möchte. Ein solches Unternehmen hat sich noch nicht richtig am Markt positioniert und kann für die Finanzierung dieser Innovationen nicht alle Finanzierungsarten auswählen. Aufgrund der Finanzkrise ist es für Startups nicht einfach Kapital am Markt zu beschaffen. Für diese Unternehmen bietet sich daher die Finanzierungsart Crowd-Funding an, da diese eine auf neue Innovationen und nicht auf Nachahmungen ausgerichtete Finanzierungsform ist. Liegen diese Voraussetzungen nicht vor, so können die Bewerbungen von Funding-Plattformen nicht akzeptiert werden. Startups müssen ihr genaues Geschäftsmodell und die damit verbundenen Innovationen offenlegen, um einen Mehrwert zu erhalten.[1]

Allgemeine Informationen zum Crowd-Funding

Der Begriff Crowd-Funding setzt sich aus den Begriffen „Crowd" und Funding zusammen. Crowd als Begriff bezeichnet eine große Gruppe von Personen, die im Internet aufeinander trifft. Dieser Zusammenstoß verschiedener Personen ist nur über das Internet möglich, da diese aus allen möglichen Regionen kommen können. Übersetzt bedeutet der Begriff „Funding" auch Finanzierung. Daher wird beim Crowd-Funding auch von einer Gruppen- oder Schwarmfinanzierung gesprochen. Durch den englischsprachigen Hintergrund und Ursprung, sind die damit zusammenhängenden Begriffe in der Regel in der englischen Sprache und werden häufig auch so übernommen, anstelle einer Übersetzung in die deutsche Sprache. Crowd-Funding bedeutet, dass das Kapital von vielen kleinen Investoren eingeholt wird und für eine Organisation, in der Regel einem Startup, als Finanzierungskapital ausgeschüttet wird. Diese Form der Finanzierung findet dann über entsprechende Internetplattformen statt.[2]

Bei dem Prozess von Crowd-Funding gibt es drei Beteiligte, die mitwirken. Diese Parteien setzen sich aus dem Gründer, der Crowd und der Plattform zusammen. Der Gründer ist derjenige, der für seine Organisation und die damit verbundene Innovation Kapital benötigt, da das Eigenkapital zur Finanzierung dieser Projekte bisher nicht ausreichend ist. Der Gründer stellt seine Innovation den potentiellen Kapitalgebern vor und fordert die

---

[1] Vgl. Schramm (2014), S. 11-12.
[2] Vgl. Lipusch/Bretschneider/Leimeister (2021), S. 189-199.

IV

Unterstützung der Beteiligung auf. Die Crowd hingegen stellt die Gruppe der Kapitalgeber dar, welche von der Vorstellung der Idee des Gründers überzeugt sind, in dieses
Projekt zu investieren. Diese Gruppe stellt zu Beginn häufig einen Kreis aus Familien-
mitgliedern oder Bekannten des Gründers dar. Das Aufeinandertreffen dieser beiden
Beteiligten findet dann auf der Crowd-Funding-Plattform statt. Die Crowd-Funding-Plattform ist eine Internetseite. Der Betreiber dieser Plattformen ist meistens auf eine be-
stimmte Art von Innovationen oder Gründern ausgerichtet und bietet verschiedenen
Gründern die Möglichkeit über seine Plattform die Finanzierung zu gestalten. Die Plattform stellt dann den sogenannten Marktplatz dar, wo die Gründer ihre Innovationen als
Angebot ablegen und die Crowd die Nachfrager als Kapitalgeber darstellen.[3]

Der Ursprung des Begriffs Crowd-Funding liegt bei der erstmaligen Verwendung durch
Jeff Howe. Dieser vermischte die Begrifflichkeiten Crowd und Outsourcing. Bei der
Crowd geht es jedoch darum Kapital mehrerer Personen einzusammeln, welche einen
gemeinsamen Zweck erfüllen wollen. Beim Outsourcing hingegen wird die Auslagerung
eines Prozesses an Externe verstanden. Bereits im 18. Jahrhundert wurde die Methode
des Crowdsourcing angewendet, ohne dass dieser mit dem Namen Crowd-Funding in
Verbindung gebracht wurde. Die Vorgehensweise der Methode ähnelte jedoch dem Prozess des heutigen Crowd-Fundings. Im Jahr 2006 begann dann erstmalig die Begriffs-
verwendung Crowd-Funding in Amerika. Kurze Zeit später entstanden im Jahr 2008
dann die ersten Internetplattformen. Fünf Jahre später bekam der Begriff Crowd-Funding
dann auch erstmalig im Jahr 2013 in Deutschland Verwendung. Der Beginn von Crowd-
Funding in Deutschland wird häufig mit Jens-Uwe Sauer in Verbindung gebracht. Herr
Sauer ist der Gründer der ersten Finanzierungsalternative, also Crowd-Funding-Plattform in Deutschland. Dieser gründete die Crowd-Funding-Plattform Seedmatch. Seedmatch dient Investoren, welche ein geringes Budget aufbringen wollen, um sich an
neuen Innovationen in der Frühfinanzierungsphase von Startups zu beteiligen.[4]

Mittlerweile stellt Crowd-Funding eine Möglichkeit dar, Kapital anstelle von weiteren üb-
lichen Finanzierungsformen einzusetzen. Im Hauptaugenmerk richtet sich die Kapitalbe-
reitstellung beim Crowd-Funding auf Innovationen, Veranstaltungen und Projekte. In
Deutschland ist die Finanzierung über Crowd-Funding noch deutlich geringer vertreten
als in Amerika. Studien belegen, dass Venture Kapital Finanzierungen in den USA,
China und nordischen Ländern stärker vertreten ist. Aus diesem Grund stellt Crowd-
Funding in Deutschland als eine Art Nischenfinanzierung gesehen werden. Dies bedeu-
tet, dass Startups deutlich eher Finanzierungen durchführen können als regulär. Für
Startups ist Crowd-Funding eine Möglichkeit durch viele kleine Investoren Kapital zu

[3] Vgl. Schramm, Carstens (2014), S. 1-2.
[4] Vgl. Baumgärtner (2021), S. 3-5.

beschaffen, wodurch sie ihre Innovationen ausbauen und umsetzen können. Vorreiter Projekte entstanden durch TikTok und LunaTik, die gezeigt haben, dass deutlich mehr Kapital erzielt werden kann als anfangs angegeben wurde. Zudem basierte die Crowd-Funding-Plattform Seedmatch beispielsweise nicht nur auf den Erfolgsgeschichten aus Amerika, sondern auch auf ähnlichen Erfahrungen in Deutschland. Hierbei wurde festgestellt, dass Crowd-Funding nicht nur als Finanzierungsalternative genutzt werden kann, sondern ebenfalls einen Marketing-Nutzen hat. Dadurch, dass im ersten Schritt Familienmitglieder und Bekannte als Mittelgeber eingesetzt werden, entstand Mundpropaganda über das zu finanzierende Projekt, welches einen verbreitenden Charakter hat und weitere Personenkreise anspricht. So konnten zudem mehrere mögliche Kunden angesprochen werden. Somit wird mithilfe von Crowd-Funding ein indirektes Marketing betrieben, welches nicht nur den Aufwand sondern auch die Kosten durch direktes Marketing einspart.[5]

Ablauf

Der folgende Prozess beschreibt, wie der Crowd-Funding Prozess abläuft. Zunächst muss der Gründer eine Crowd-Funding-Plattform finden, welche zu der Innovation und seiner Ausrichtung passt. Hierbei sollte der Gründer auf die Ansprüche der Plattform achten. Nicht alle Crowd-Funding-Plattformen sind ausschließlich auf Startups ausgerichtet. Zudem gibt es verschiedene Richtungen auf die sich die Innovationen und Projekte auslegen können. Faktoren sind beispielsweise die Finanzierungssumme, die Zielgruppe und Investorenkriterien. Sollte der Gründer die passende Plattform gefunden haben bewirbt er sich bei dieser. Hierbei sollte der Gründer darauf achten, welche Kriterien in der Bewerbung vorausgesetzt werden und die angegebenen Anforderungen erfüllen. Nur weil sich ein Gründer eine Plattform ausgesucht hat, heißt das nicht direkt, dass dieser über die gewünschte Plattform die Finanzierung durchführen kann. Nach der Bewerbung muss die Geschäftsführung dieser Plattform das beworbene Projekt erstmals zur Finanzierung bestätigen. Im Anschluss an diese Bestätigung müssen verschiedene Materialien zum Projekt aufbereitet werden. Dies bedeutet, dass beispielsweise eine klare Präsentation, ein Video, ein genauer Businessplan und Vertragsinformationen zum Crowd-Funding für die Crowd bereit gestellt werden müssen. Diese Materalen dienen dazu, der Crowd einen genauen Einblick in das Projekt zu geben und die Transparenz zu schaffen, um diese als Investor zu gewinnen. Sobald diese Materalen bereitgestellt wreden, kann die Laufzeit des Projekts gestartet werden. Hierbei besteht das Einholen der angesetzten Summe als nächstes Ziel. Diese Summe wird auch als Fundingschwelle bezeichnet. Die Dauer der Sammlung ist abhängig von dem Projekt, dem

---

[5] Vgl. Lipusch/Bretschneider/Leimeister (2021), S. 205-207.

Finanzierungsbeitrag und der Ausrichtung. Nicht nur das Bereitstellen der Informationen vor Sammlungsbeginn, sondern auch die Bereitstellung neuer Informationen während und nach der Sammlung ist wichtig für die Transparenz gegenüber der Crowd.[6]

Crowd-Funding Arten

Kapitalgeber müssen nicht wie bei anderen Finanzierungsformen immer einen monetären Ausgleich für ihren Einsatz erhalten. Beim Crowd-Funding kann es zu einem nichtfinanziellen oder auch finanziellen Ausgleich mit nicht ausschließbarer Beteiligung am Unternehmen kommen. Aufgrund von rechtlichen Hintergründen zu diesen Aspekten teilt sich Crowd-Funding in vier verschiedene Kategorien ein. Je nach Auslage und Art der Finanzierung werden hier das Vermögensanlagegesetzt, Wertpapierhandelsgesetz oder auch das Kreditwesengesetz anfallen. Die vier verschiedenen Formen des Crowd-Fundings sind Equity-based, Lending-based, Reward-based und Donation-based.

Beim Equity-based Crowd-Funding handelt es sich um eine Finanzierung, bei der die Kapitalgeber einen Anteil an dem Unternehmen beziehungsweise der Organisation erhalten. In den meisten Fällen erhalten sie Gewinnanteile und sind keine direkten Gesellschafter. Aufgrund der Rechte bei Beteiligten handelt es sich bei dieser Form von Crowd-Funding um eine Mezzanine Finanzierung. Dies liegt daran, dass es sich um eine Zwischenform der Eigenkapital- und Fremdkapitalfinanzierung handelt. In der Regel wird hierbei von einer Eigenkapitalfinanzierung gesprochen, da diese über die Ausgabe von Aktien, Nachrangdarlehen oder einer stillen Beteiligung stattfindet. Der Investor gibt als Einlage zwar Eigenkapital, erhält jedoch nur die Rechte eines Fremdkapitalgebers, da er keine Mitbestimmung hat. Die Leistung bei dieser Beteiligungsform ist die Gewinnausschüttung, welche in Form einer Rendite geschieht. Überzeugend für die Crowd ist meistens die Rendite. Diese ist aufgrund der Bedingungen einer hohen Kapitalsumme und einer längeren Laufzeit höher. Equity-based Crowd-Funding wird häufig bei Gründungs- und Wachstumsfinanzierungen eingesetzt. Bekannte Plattformen dieser Art sind Seedmatch und Companisto. In Deutschland wird diese Form auch als Beteiligungsfinanzierung benannt. Generell ist dies auch unter Crowdinvesting vertreten.[7]

Beim Lending-based Crowd-Funding verlangt der Kapitalgeber eine verzinste Rückzahlung als Rendite. Auch wenn sich das Unternehmen auflöst ist der Kapitalnehmer gezwungen die Einlagen an den Kapitalgeber zurückzuzahlen. Es handelt sich hierbei also um Fremdkapital in Form einer Kreditfinanzierung und nicht um Unternehmensanteile. Diese Form ähnelt den Kreditfinanzierungen bei Banken, jedoch ohne vergleichbare Risikomerkmale zur Absicherung. Es ist egal ob es sich bei dem Gründer um ein

---

[6] Vgl. Schramm (2014), S. 19-20.
[7] Vgl. Baumgärtner (2021), S. 5-6.

VII

Unternehmen oder eine Privatperson handelt. Beispiele für diese kreditbasierten Crowd-Funding-Plattformen sind Smava und auxmoney bei denen es sich um Customer to Costomer Systeme handelt. Für das Lending-based Crowd-Funding werden in der Regel kurzfristige Anleihen mit einer Laufzeit von fünf bis zehn Jahren angesetzt. Die Entwicklung dieser Finanzierungsform strebt nach und nach die Banken als Vorreiter an. Vorteile für diese Finanzierungsform sind, dass der Gründer mehr Informationen über seine Innovationen auf den Plattformen anbietet und somit transparenter und interessanter für die Crowd wird.[8]

Die dritte Art, das Reward-based Crowd-Funding ist so aufgestellt, dass den Investoren keine Rendite aus monetären Mitteln ausgestellt werden muss, sondern es handelt sich um Sachgegenstände. Es handelt sich also um eine belohnungsbasierte Finanzierung. Die Geldgeber wollen keine Geldausschüttung. Da diese Form von Crowd-Funding am häufigsten verwendet wird, wird diese auch als Klassiker bezeichnet. Meistens verbirgt sich dahinter ein Produkt aus der Investition oder Innovation. Die Geldgeber erhalten diese Produkt dann als Dankeschön, bevor es am Markt für alle erhältlich ist. In der Regel stimmt der Wert der Einlage der Investoren nicht mit der Gegenleistung überein. Für die Investoren ist bei dieser Form jedoch nicht die Gegenleistung der Hauptgrund, sondern sie freuen sich mehr über die vorrangige Ausgabe bestimmter Produkte. Sollte bei dieser Form der Finanzierung die angestrebte Mindestsumme nicht erreicht werden, so wird diese Finanzierung abgebrochen und es kommt zu keiner Herstellung dieses Produktes. Nicht immer handelt es sich bei dieser Leistung um die neuen Innovationen, da es sich hierbei nicht ausschließlich um Produkte handeln muss. Zudem kann der Gründer den Investoren auch Vergünstigungen oder andere Leistungen als Gegenleistung versprechen.

Die letzte Art des Crowd-Funding ist Donation-based. Dies bedeutet, dass die Investoren an den Gründer keine Erwartungen in Form einer Gegenleistung haben und trotzdem die vorgegebenen Einlagen investieren. Es handelt sich also um eine freiwillige Unterstützung ohne Rendite. Diese ist demnach spenden- oder auch schenkungsbasiert. Als Kapitaleinlage werden daher auch nur reine Geldspenden vorausgesetzt. Diese Art von Crowd-Funding wird häufig bei gemeinnützigen Projekten angewandt. Den Geldgebern reicht hier häufig als Dankeschön eine Danksagung als gezahlte Rendite aus. Diese sind dann schon damit zufrieden, dass sie dazu beitragen konnten ein gemeinnütziges Projekt zu unterstützen und zu der finalen Umsetzung beizutragen und dieses zu verwirklichen. Der Unterschied zu einer regulären Spende liegt darin, dass die Finanzierungsprojekte hier vorab durch den Businessplan und Videos vom Gründer vorgestellt werden

[8] Vgl. Baumgärtner (2021), S. 6-7.

und der Investor genau weiß, an welcher Stelle sein Geld eingesetzt wird. Insgesamt steht bei den Investoren der gute Zweck dieser Finanzierung als Unterstützung im Vordergrund.[9]

---

[9] Vgl. Schramm (2014), S. 5-7.

Aufgabe 2

Die zweite Aufgabe dieser Einsendeaufgabe beschäftigt sich mit gängigen Crowd-Funding-Plattformen, welche sich für Startups eignen. Zudem wird aufgezeigt, wie Gründer ihre Innovationen auf diesen Seiten erfolgreich umsetzen können.

Wie bereits in der ersten Aufgabe erwähnt ist die Crowd-Funding Plattform Seedmatch die erste deutsche Plattform. Der Gründer beschäftige sich seit 2009 mit amerikanischen Crowd-Funding Modellen und sah eine schnelle und reibungslose Umsetzung bei der Finanzmittelbeschaffung bei Projekten in Dresden. Bei der Gründung dieser Plattform stand dieser selbst vor dem Problem Kapital zu beschaffen, da es bisher keine dieser Plattformen in Deutschland gab. Trotzdem mussten Wege gefunden werden, um die Organisation beziehungsweise diese Plattform aufzubauen. In einem ersten Schritt hat Seedmatch auf die Unterstützung der Familie und dem Freundeskreis zurückgegriffen um das erste Kapital für den Aufbau einzusammeln. Diese Methode ist eine gängige Art für Startups um im ersten Schritt Kapital zu beschaffen. Zu diesem Zeitpunkt bestanden keine Plattformen und gleichzeitig hatte das Unternehmen noch keinen Standpunkt am Markt, da es sich noch in der Aufbau- beziehungsweise Gründungsphase befasste. Gleichzeitig konnte Seedmatch über diesen Weg die ersten Informationen über dieses Projekt verteilen und hat indirektes Marketing betrieben. Da die Plattform noch nicht einsatzfähig war, haben sie zudem einen Blog erstellt, auf dem die Informationen zu dieser Innovation veröffentlicht wurden. Hiermit wollten sie bezwecken diese Innovation zu verbreiten und weitere Kapitalgeber einzubeziehen. Auf diesen Weg hat das Unternehmen dann zur ersten Beschaffung auf eine stille Beteiligung zurückgegriffen und das Kapital genutzt um die Plattform in den ersten Schritten aufzubauen.[10]

Die ersten Startups mit denen Kapital über die Seedmatch Plattform eingenommen werden konnten waren Cosmopol GmbH & Co. KG und Neuronation. Diese Umsetzung zeigt, dass ein erfolgreiches Crowd-Funding innerhalb kürzester Zeit mit größeren Finanzierungssummen abgewickelt werden kann. Diese damaligen Startups zeigen sich heute nicht mehr als kleine Startups, sondern als erfolgreiche und große Unternehmen. Der geringe Einlagebetrag von nur 250 Euro zeigt, dass bei Seedmatch auch kleine Investoren die Möglichkeit erhalten, sich an Startups zu beteiligen. So wird den Gründern eine große Breite an Investoren ermöglicht, die die verschiedenen Projekte unterstützen und verwirklichen. Aufgrund verschiedener Finanzierungsmöglichkeiten, die sich nicht nur auf Startups ausrichten, hat Seedmatch die Möglichkeit verschiedene Investoren anzusprechen, welche sich nicht allein auf das reine Crowd-Funding ausrichten. So können gegebenenfalls weitere Investoren auf die neuen Innovationen aufmerksam werden und

---

[10] Vgl. Assenmacher (2014), S. 7-9.

zu einem Investor derartiger Projekte werden. Dies dient ebenfalls zu einem Mehrwert der Gründer.[11]

Im Anschluss an die erfolgreiche Gründung von Seedmatch wurde ein Jahr später die zweite deutsche Crowd-Funding-Plattform Innovestment gegründet. Diese ist auf das equity-based Crowd-Funding ausgerichtet. Innerhalb von nur drei Jahren schafften sie es mehr als 100 erfolgreiche Crowd-Fundings von Startups über diese Plattform abzuwickeln. Den Gründern diese Plattform ist unter anderem die Unterstützung von nachhaltigen Projekten und Innovationen wichtig. Zur Auswahl der Plattform bietet die Übersicht der bereits abgeschlossenen Projekte eine gute Einordnung des Gründers für seine Innovation. Anhand dieser erfolgreichen Geschichten, kann im ersten Schritt festgestellt werden, ob die geplante Innovation, auf dieser Plattform erfolgreich umgesetzt werden könnte und den passenden Marktplatz darstellt. Zudem kann der Gründer seinen bisher geplanten und aufgestellten Businessplan hinterfragen und analysieren und mit den bereits abgeschlossenen Innovationen vergleichen. Auch wenn es sich jeweils um neue Innovationen handelt, bei denen abgeschlossene Finanzierungen keine Sicherheit garantieren, kann es dem Gründer helfen die bisherige Planung besser einzuordnen und zu bewerten. Nicht nur für den Gründer stellt diese Übersicht nicht nur Vorteile dar, sondern auch die Investoren können sehen, wie hoch das Risiko sein kann beziehungsweise wie erfolgreich bisherige Projekte abgeschlossen wurden. Die bereits abgeschlossenen Projekte zeigen alle eine kurze Laufzeit von bis zu maximal acht Jahren und von einer hohen Rendite bis zu 8 Prozent Zinsen. Dieser Überblick schafft dem Investor ein attraktives Angebot sich auf der Seite Innovestment anzumelden und in neue Innovationen zu investieren. Diese Attraktivität ist für neue Gründer dann ein Vorteil, da diese dann über eine hohe Anzahl an Mitgliedern in der Crowd verfügen, wodurch die Investitionsbereitschaft steigt.[12]

Eine weitere erfolgreiche Crowd-Funding-Plattform für Startups stellt die Rocket Group dar, welche im Jahr 2013 gegründet wurde. Diese teilt sich in drei verschiedene Crowd-Funding Plattformen auf, welche alle unterschiedliche Ausrichtung aufzeigen. Home Rocket stellt eine Plattform dar, welche als Marktplatz für Immobilien ausgerichtet ist. Dieser ist jedoch nicht auf den deutschen sondern auf den österreichischen Markt ausgelegt. Die zweite Plattform ist die Lion Rocket. Diese richtet sich nicht an die Startups, sondern an kleine und mittelständische Unternehmen, welche Finanzierungsprojekte haben, die nicht zur Aufbau- oder Gründungsphase des Unternehmens beitragen. Hierbei handelt es sich um Finanzierungsprojekte von 1,5 bis 20 Millionen Euro. Die dritte Plattform heißt Green Rocket und richtet sich wie der Name schon andeuten lässt auf Unternehmen mit

---

[11] Vgl. Lipusch/Bretschneider/Leimeister (2021), S. 205-207.
[12] Vgl. Innovestment.

nachhaltigen Innovationen aus. Diese haben zum Ziel eine Verbesserung in den Bereichen Energie, Umwelt, Mobilität, Digitalisierung und Gesundheit zu schaffen. Die Plattform Green Rocket ist die erste Plattform in der Europäischen Union, welche sich auf
nachhaltige Innovationen ausrichtet. Mithilfe dieser unterschiedlich ausgerichteten Fi-
nanzierungsbereichen bietet die Rocket Group den Anlegern eine große Auswahl an
Innovationen. Zudem ist auf dieser Plattform die Art des Crowd-Fundings nicht vorge-
schrieben, sondern kann für die einzelnen Projekte frei gewählt werden. Sollte ein Gründer gerne donation-based aufgestellt sein und der andere equity-based, ist das kein Aus-
schlusskriterium für die erfolgreiche Aufnahme. Somit gibt es je nach Projekt die Wahl
wie die Finanzierung ablaufen soll. Bei der Green Rocket Plattform haben die Anleger
die Möglichkeit sich kostenlos auf allen Plattformen zu registrieren. Dies hat zum Vorteil,
dass dessen Profile auf allen Seiten hinterlegt sind und sie somit alle Finanzierungsprojekte für neue Innovationen einsehen können. Diese haben zudem nicht nur die Möglichkeit alle Innovationen einzusehen, sondern können ebenfalls als Privatperson oder
auch als Unternehmen Anleger sein und schon ab einer Beteiligung von nur 250 Euro
finanzieren. Bei Green Rocket haben die Gründer die Möglichkeit die laufenden Projekte
und dessen Informationen einzusehen und ebenfalls die erfolgreich abgeschlossenen
Projekte zu analysieren. Ihnen werden also alle Informationen beispielhaft an reellen
Projekten vorgestellt. Dies dient einem neuen Startup dazu sich selbst zu überprüfen, ob
bei der Bewerbung alle notwendigen Informationen vorhanden sind oder ob wichtige Informationen fehlen. Zudem können sie sich hier inspirieren lassen, in welcher Form gegebenenfalls am besten Investoren angelockt werden können und wie sich das Startup
am besten präsentiert. Zudem stehen nicht nur abgeschlossenen Projekte als Leitfaden
zur Verfügung, sondern auch die Mitarbeiter von Green Rocket unterstützen die Unternehmen während des Ablaufs des Crowd-Funding-Prozesses. Die Mitarbeiter sind also
nicht nur für die Prüfung der Bewerbungsunterlagen auf die Vollständigkeit ausgerichtet,
sondern unterstützen sie gleichzeitig im Bereich Marketing und Kommunikation. Das bedeutet, sie stehen als Bindeglied zwischen den Gründern und der Crowd und tragen
dazu bei, dass ein reibungsloser Austausch und Vermarktung gewährleistet wird. Zudem
helfen sie den Gründern ausgewählte Informationen auch während der Laufzeit an die
Crowd zu liefern um stetige Transparenz zu halten. Die bereits abgeschlossene Innovation Ridetronics zeigt, dass die Zusammensetzung aus der Bereitstellung verschiedener
Materialien zu einer erfolgreichen Umsetzung beigetragen hat. Die Mischung aus Vor-
stellungsvideos, dem direkten Businessplan aber auch kurzen Factsheets stellt auf den
ersten Blick alle Informationen für den Investor bereit. Zudem ist die Attraktivität durch
die festen Zinsen aber auch angesetzten Boni verlockend. So werden die Investoren
keinem vollkommenen Risiko ausgesetzt haben jedoch die Möglichkeit höhere Renditen

zu erzielen als die des vorgegebenen Grundsatzes. Nicht nur die Kombination aus vari-abler und fester Rendite, sondern auch die Kombination aus equity-based und reward-based kann für die Anleger eine attraktive Alternative gegenüber anderen Finanzie-rungsmöglichkeiten darstellen. Unterschiedliche Sachgegenstände als Bonus auszu-richten, die nach der Höhe der Einlage gerichtet sind, lassen gegebenenfalls einige An-leger eine höhere Summe investieren, als die die sie eigentlich geplant haben. Das liegt eventuell daran, dass diese bereit sind mehr zu investieren, wenn sie einen zusätzlichen Sachgegenstand erhalten, der bisher noch nicht auf dem Markt verfügbar ist. Bei erfolg-reicher Umsetzung dieses Angebots kann der Gründer mithilfe von weniger Anlegern schneller sein Finanzierungslimit erreichen und steht einer erfolgreichen Innovation kür-zer bevor.[13]

---

[13] Vgl. Rockets.

XIII

Aufgabe 3

Die dritte und letzte Aufgabe dieser Einsendeaufgabe behandelt die Vorteile und Nachteile von Crowd-Funding. Zudem werden als Vergleich alternative Finanzierungsformen für Startups aufgezeigt.

Crowd-Funding bietet nicht nur für den Gründer, sondern auch für die Investoren aus der Crowd verschiedene Vorteile und Nachteile. Da die Gründer durch die vergangene Finanzkrise immer mehr Vorlangen in Bezug auf Sicherheiten haben und diesen gerecht werden müssen, stellt Crowd-Funding für die Startups eine gute Alternative zur Kapitalbeschaffung dar. Beim Crowd-Funding wird im Gegensatz zu Bankeninvestitionen keine Sicherheit erfordert und die Gründer haben innerhalb kürzester Zeit die Möglichkeit Kapital zu beschaffen. Bei Bankenkrediten hingegen müssen Unternehmen vorab im Hinblick auf die Eigenkapitalquote einen bestimmten Anteil aufweisen, um überhaupt erst Kapital beschaffen zu können. Da sich Startups jedoch in der Gründungsphase befinden ist dies für solche Unternehmen häufig ausgeschlossen, also nicht möglich, da sie noch gar keinen Kapitalstock haben. Somit können Gründer ohne verpflichtende Garantien innerhalb von kurzer Zeit anhand von Crowd-Funding Kapital beschaffen.[14]

Zusätzlich zur einfachen und schnellen Kapitalbeschaffung trägt für den Gründer der Vorteil bei, dass die Kapitalgeber, also die Crowd, in den meisten Fällen nicht nur als Finanzierungsmittel, sondern ebenfalls als Marketingeffekt dient. Das bedeutet, dass jeder einzelne Kapitalgeber, der anhand von Mundpropaganda über diese neue Innovation spricht, dazu beiträgt, dass das Unternehmen einen höheren Stellenwert am Markt erhält und sich somit besser platzieren kann. Dadurch, dass es sich bei Crowd-Funding um viele Anleger mit kleinen Beträgen handelt, wird die Kommunikation erhöht. Außerdem sind die Anleger aus verschiedenen Räumen und gegebenenfalls aus verschiedenen Bereichen wodurch ebenfalls die Kommunikation nach außen in unterschiedliche Gruppen erhöht wird. Gründer haben somit einen indirekten Marketingeffekt, welcher keinen Zusatzaufwand verursacht und auch keine Kosten mit sich bringt.[15]

Da es sich bei Startups um neue Unternehmen handelt, welche noch nicht am Markt agieren, stellt die Investition in derartige Unternehmen für den Anleger ein hohes Risiko dar, wenn der Hauptaugenmerk der Anlage auf der Rendite oder ähnlichen Leistungen liegt. Die Gründer haben in der Regel wenig Erfahrung am bestehenden Markt. Zudem basiert deren Unternehmen einzig und allein auf einer Idee bei der keine Sicherheit für eine erfolgreiche Umsetzung und Akzeptanz besteht. Die Investoren sind daher gezwungen in die Geschäftsidee der Gründer zu vertrauen. Daher ist es sehr wichtig, dass sich

---

[14] Vgl. Unternehmer-gesucht (2021).
[15] Vgl. Baumgärtner (2021), S. 90-92.

die Investoren vorab gründlich mit der Vorstellung und dem Businessplan der Innovation auseinandersetzen, damit sie das Risiko auf Basis ihrer Erfahrung einschätzen können.[16]

Die Kapitalgeber sollten eine nüchterne Betrachtung bei der Wahl des Gründers anstreben. Auf den ersten Blick sehen die Angaben über die Renditen immer sehr verlockend aus. Es ist jedoch zu beachten, dass sich diese Angaben auf die Idealeintritte beziehen. Zudem treten die Auszahlungen in den meisten Fällen nicht nach dem ersten, sondern erst nach mehreren Jahren ein. Das liegt daran, da zu Beginn erst die Kosten gedeckt werden müssen bevor eine Gewinnausschüttung entstehen kann. Hohe Renditen sind zudem auch mit hohen Risiken bei den Kapitalgebern verbunden. Das liegt daran, dass diese bei einer Insolvenz keinen direkten Anspruch auf die gesamte Rückzahlung haben, da sie als Eigenkapitalgeber hinter den Fremdkapitalgebern stehen. Somit besteht die Möglichkeit, dass die Kapitalgeber bei einem Exit die gesamte Einlage verlieren ohne in irgendeiner Form abgesichert zu sein.[17]

Um dem Risiko entgegenzuwirken haben die Gründer und die Crowd die Möglichkeit einen Vorteil zur gemeinsamen Sicherheit zu geben. Auch wenn die Investoren der Crowd bei der equity-based Crowd-Funding Art in der Regel nicht als Beteiligte agieren, können sie die Gründer mit ihrem Wissen und ihrer Erfahrung unterstützen. In den meisten Fällen haben die Investoren beim Crowd-Funding keine Stimmrechte, können jedoch bei Bedarf Unterstützung leisten, ohne dass dieses unbedingt angenommen oder umgesetzt werden muss. Für den Gründer stellt es jedoch einen Vorteil in Bezug auf die Sicherheit dar. Denn der Investor kann auf Basis seiner Erfahrungen mitteilen, an welchen Stellen der Businessplan der Innovation ein Risiko bergen könnte und wie man dieses vermeiden kann, um eine erfolgreiche Umsetzung zu erzielen.[18]

Die Finanzierungsform Crowd-Funding muss nicht immer unbedingt ein Risiko für die Anleger darstellen, nur weil das Unternehmen bisher nicht am Markt agiert und sich erst in der Gründungsphase befindet. Im Gegensatz zu anderen Finanzierungsalternativen werden dem Investor im Vorfeld deutlich mehr Informationen über die Innovationen und dem damit verbundenen Businessplan bereitgestellt als bei anderen Kapitalanlagen. Der Gründer stellt hier im Vorfeld genau dar, wofür die Kapitaleinlage genutzt wird. Somit besteht für den Investor eine deutlich höhere Transparenz, wodurch er entscheiden kann, ob er dieses Risiko zur Finanzierung eingehen möchte oder nicht. Bei anderen Finanzierungsformen werden diese Informationen im Vorfeld häufig nicht mitgeliefert

---

[16] Vgl. Schramm (2014), S. 47-48.
[17] Vgl. Unternehmer-gesucht (2021).
[18] Vgl. Baumgärtner (2021), S. 72-73.

und können dadurch ein mindestens genauso hohes Risiko darstellen auch wenn sich das Unternehmen bereits am Markt befindet.[19]

Ein weiterer Vorteil liegt darin, dass Crowd-Funding auf die Masse ausgelegt ist und nicht an einen einzelnen Investor gebunden ist. Dadurch wird das Risiko und eine Ausfallwahrscheinlichkeit für jeden einzelnen nicht zu groß. Zudem besteht die Möglichkeit, dass auch Investoren Kapital anlegen können, welche nicht so große Summen aufbringen wollen. Außerdem steht beim Crowd-Funding nicht immer nur die Rendite im Vordergrund, sondern häufig auch nur die Umsetzung neuer Innovationen. Dadurch besteht die Möglichkeit, dass Unternehmen auch mit geringeren Ausschüttungen und interessanten, nachhaltigen Innovationen eine hohe Finanzierungssumme erhalten, da den Anlegern der Beitrag zur Umsetzung dieser Projekte wichtiger ist, als der eigene Profit für den einzelnen.[20]

Alternative Finanzierungsformen

Als Alternative zum Crowd-Funding besteht die Möglichkeit, dass Startups Business Angels auswählen. Hierbei handelt es sich um eine Finanzierungsform, welche ebenfalls in den meisten Fällen bei Unternehmen in der Gründungsphase umgesetzt wird, welche sich mit neuen Innovationen am Markt etablieren wollen. Im Gegensatz zum Crowd-Funding handelt es sich nicht um viele Anleger die die Finanzierungssumme unterstützen, sondern um einen einzigen Anleger als Privatperson, die das Unternehmen mit ihrer Einlage unterstützt. Hierfür wird in der Regel keine Vermittlung oder eine Internetplattform benötigt. Bei den Investoren handelt es sich in den meisten Fällen um ehemalige Manager aus der freien Wirtschaft, welche sich an neuen Innovationen beteiligen wollen. Diese bringen ihr langjähriges Wissen und die Erfahrungen mit und können das Startup nicht nur finanziell sondern auch beim überarbeiten des Businessplans unterstützen. Bei dieser Finanzierungsform ist die Voraussetzung, dass die Gründer Kontakte zu diesen Business Angels aufbauen und vorab dann einen passenden Business Angel finden, der das Unternehmen unterstützen will. Der Vorteil dieser Finanzierungsform kann darin liegen, dass die Vermarktung nicht über eine öffentliche Plattform stattfindet und mithilfe von Erfahrungswerten verbessert werden kann. Für Startups mit wenigen Kontakten und Erfahrung am Markt kann es jedoch zudem schwierig werden und lange dauern einen passenden Investor zu finden.[21]

Venture Kapital ist eine Form des Private Equity und wird ebenfalls häufig durch Startups verwendet. Hierbei handelt es sich um privates Beteiligungskapital. Beim Venture Kapital

---

[19] Vgl. Baumgärtner (2021), S. 71.
[20] Vgl. Schramm (2014), S. 47-48.
[21] Vgl. Lukic (2021), S. 3-8.

liegt der Hauptaugenmerkt auf neuen Technologien und Innovationen in der Gründungs- und Wachstumsphase von Unternehmen. Dies stellt somit eine gute Alternative für die Finanzierung von Startups dar. Dadurch, dass es sich um ein Beteiligungskapital handelt sind die Investoren Gesellschafter und haben demnach die Rechte zur Mitbestimmung. Bei diesen Finanzierungen ist die Ausrichtung auf spezielle Bereiche gelegt, wodurch die Fachexpertise neben den finanziellen Mitteln in das Unternehmen gebracht werden soll. Venture Kapital wird auch als Wagniskapital bezeichnet, da die Finanzierung von Startups immer mit einem Potential aber auch gewissen Risiko verbunden ist, da diese keine bisherigen Erfahrungen aufweisen. Wie bei den Business Angels handelt es sich beim Venture Kapital um eine Finanzierungsform, bei der die Finanzierung nicht auf eine große Gruppe von Investoren ausgerichtet ist und nicht über eine Plattform im Internet stattfindet. Hierbei handelt es sich als Anleger um ein Unternehmen oder eine Privatperson, die das Startup aus Interesse unterstützt. Im Gegensatz zum Business Angels besteht hierbei der Nachteil, dass der Investor das Fachwissen nicht nur in das Unternehmen bringt, sondern ebenfalls als Gesellschafter Anteile an diesem hat. Hierbei ist jedoch zu beachten, dass diese Anteile bei maximal 50 Prozent liegen, damit keine Mehrheitsübernahme stattfindet und der Besitz des Unternehmens noch in der Mehrheit beim Gründer liegt. Der Vorteil bei dieser Finanzierungsform ist jedoch, dass es sich meistens um eine hohe Kapitaleinlage handelt die sich auf circa 100.000 bis 250.000 Euro beläuft.[22]

Eine letzte Alternative zum Crowd-Funding ist die Finanzierung aus öffentlichen Mitteln. Öffentliche Fördermittel sind Finanzierungen aus staatlicher Herkunft. Im Hauptaugenmerk sind diese Förderprogramme auf kleine und mittlere Unternehmen sowie auf Startups ausgerichtet. Sie sollen die Forschungs- und Entwicklungsprogramme neuer Innovationen sowie der Digitalisierung und Nachhaltigkeit unterstützen. Unternehmen können sich für diese Förderprogramme nicht mit zwei ähnlichen Projekten bewerben, sondern sind nur auf eins zugelassen. Handelt es sich um unterschiedliche Herkünfte, so können diese Programme für ein Projekt auch miteinander verknüpft werden. Bei diesen ist zu unterscheiden, ob es sich um Förderungen handelt, die nicht zurückgezahlt werden müssen oder ob diese wie ein Darlehen angesehen werden. Öffentliche Fördermittel sind nicht ausschließlich auf Startups ausgerichtet, sondern können auch in anderen Entwicklungsphasen des Unternehmens eingesetzt werden. Hierbei ist wichtig zu beachten, dass es sich nicht in erster Linie um die Ausrichtung der Investoren handelt, sondern die Auswahl der bestehenden Förderprogramme besagt, ob dieses für das Startup eingesetzt werden kann. Die Finanzierung anhand von öffentlichen Fördermitteln ist

---

[22] Vgl. Fischer/Tyll/Berger (2021), S. 180-184.

häufig sehr aufwendig, dar im Gegensatz zu den anderen Alternativen eine lange Prüfungsphase durch den Staat geschieht. Somit kann das Kapital nicht kurzfristig beschaffen werden. Des Weiteren sind die sogenannten Darlehen und Zuschüsse zu unterscheiden. Darlehen haben eine festgelegte Laufzeit und Rückzahlungsvereinbarung. Diese werden vor dem Projektbeginn gezahlt und vereinbart. Die Förderprogramme können demnach nur dann angenommen werden, wenn die Projekte noch nicht gestartet wurden. Diese müssen vorher durch die staatliche Einrichtung bestätigt werden und dürfen noch nicht unterschrieben sein. Zuschüsse hingegen werden in der Regel erst nachrangig bezahlt. Unternehmen treten hier in Vorkasse und erhalten die Zuschüsse erst im Anschluss. Ein großer Vorteil bei den Zuschüssen liegt darin, dass diese von den Startups nicht zurück gezahlt werden müssen und sie somit Kosten einsparen können. Jedoch ist der vorherige Aufwand mit viel Zeit und Arbeit verbunden. Zudem liegt das Anliegen von Startups darin, Kapital zu erhalten um neue Innovationen zu finanzieren. Dies ist jedoch nicht möglich, wenn sie bei derartigen Finanzierungssummen in Vorkasse treten müssen, da sie dieses Kapital in der Regel nicht besitzen.[23]

Insgesamt haben alle Finanzierungsformen für Startups Vorteile und Nachteile. Je nach Projekt und Innovation sollten sich die Gründer vorab genau informieren und überlegen, welche Finanzierungsform die passende für das entsprechende Projekt ist.

---

[23] Vgl. Baumgärtner (2021), S. 77-78.

Literaturverzeichnis

Assenmacher, K. (2017): *Crowdfunding als kommunale Finanzierungsalternative.* Wiesbaden: Springer Gabler.

Baumgärtner, M. (2022): *Crowdinvesting. Grundlagen – Anwendungsgebiete – Regulatorik.* Wiesbaden: Springer Gabler.

Fischer, S., Tyll, A., Berger, S. (2021): Venture Capital Financing . An Investor Perspective. In Hoppe, C. (2021): *Praxishandbuch Finanzierung von Innovationen. Von der Idee bis zum Exit.* Wiesbaden: Springer Gabler S. 179-200).

Hoppe, C. (2021): *Praxishandbuch Finanzierung von Innovationen. Von der Idee bis zum Exit.* Wiesbaden: Springer Gabler.

Innovestment. *Crowdfunding für Startups.* Zugriff am 18.08.2022. Verfügbar unter https://innovestment.de.

Lipusch, N., Bretschneider, U., Leimeister, J. (2021): *Crowdfunding zur Gründungsfinanzierung von Startups aus dem universitären Bereich.* In Hoppe, C. (2021): *Praxishandbuch Finanzierung von Innovationen. Von der Idee bis zum Exit.* Wiesbaden: Springer Gabler (Seite 189-214).

Lukic, A. (2021): *Business Angels – Eine Investorensicht.* In Hoppe, C. (2021): *Praxishandbuch Finanzierung von Innovationen. Von der Idee bis zum Exit.* Wiesbaden: Springer Gabler (S. 3-18).

Pechlaner, H., Poppe, X. (2017): Crowd Entrepreneurship. Das Gründungsgeschehen im Wandel. Wiesbaden: Springer Gabler.

Rockets. *Crowdfunding für nachhaltige Unternehmen und Startups.* Zugriff am 01.10.2022. Verfügbar unter https://rockets.investments/funding/green?gclid=Cj0KCQjwyt-ZBhCNARIsAKH1176NkLZQEM48HufTEMum-Hnhh8G0dBhOTYoqGrCEWoXAbvumNehqLX78aAiq1EALw_wcB.

Schramm, D., Carstens, J. (2014): *Startup – Crowdfunding und Crowdinvesting: Ein Guide für Gründer. Mit Kapital aus der Crowd junge Unternehmen online finanzieren.* Wiesbaden: Springer Gabler Verlag.

Unternehmer-gesucht (2022): *Crowdfunding – Finanzierung vom Schwarm.* Zugriff am 28.09.2022. Verfügbar unter https://www.unternehmer-gesucht.com/ratgeber/crowdfunding/.

BEI GRIN MACHT SICH IHR WISSEN BEZAHLT

- Wir veröffentlichen Ihre Hausarbeit,
  Bachelor- und Masterarbeit

- Ihr eigenes eBook und Buch -
  weltweit in allen wichtigen Shops

- Verdienen Sie an jedem Verkauf

Jetzt bei www.GRIN.com hochladen
und kostenlos publizieren